# BEI GRIN MACHT SICH IHR WISSEN BEZAHLT

- Wir veröffentlichen Ihre Hausarbeit,
  Bachelor- und Masterarbeit

- Ihr eigenes eBook und Buch -
  weltweit in allen wichtigen Shops

- Verdienen Sie an jedem Verkauf

Jetzt bei www.GRIN.com hochladen
und kostenlos publizieren

# Vertriebslogistik im E-Shop. Logistik im E-Commerce

Octavian Zaiat

**GRIN** ☺

**Bibliografische Information der Deutschen Nationalbibliothek:**

Die Deutsche Nationalbibliothek verzeichnet diese Publikation in der Deutschen Nationalbibliografie; detaillierte bibliografische Daten sind im Internet über http://dnb.d-nb.de abrufbar.

ISBN: 9783346334589
Dieses Buch ist auch als E-Book erhältlich.

© GRIN Publishing GmbH
Nymphenburger Straße 86
80636 München

Druck und Bindung: Books on Demand GmbH, Norderstedt Germany
Gedruckt auf säurefreiem Papier aus verantwortungsvollen Quellen

Das Buch bei GRIN: https://www.grin.com/document/980366

FOM Hochschule für Oekonomie & Management

Hochschulzentrum Frankfurt am Main

Berufsbegleitender Studiengang zum

Wirtschaftsinformatiker

Fallstudie/ Wissenschaftliches Arbeiten

# Vertriebslogistik im E-Shop

Octavian Zaiat

2019

# Inhaltsverzeichnis

# Abbildungsverzeichnis

# Abkürzungsverzeichnis

| Abkürzung | Erklärung |
|---|---|
| APS | Advanced Planning and Scheduling |
| B2C | Business to Consumer |
| CPS | Cyber-Physical-System |
| ERP | Enterprise Resource Planning |
| PHP | Personal Home Page Tools |
| URL | Uniform Resource Locator |

# 1 Einleitung

Ein Leben ohne IT ist für die meisten Menschen nicht mehr vorstellbar. Mit Hilfe des Internets werden die Geschäfte nicht nur offline, sondern auch online möglich. Das Internet ist ein weltweit verbreitetes Medium und wird nicht nur für private, sondern auch für gewerbliche Zwecke genutzt. Durch die neuesten und verbesserten Web-Technologien ist im Laufe der letzten Jahre das E-Commerce entstanden.[1] Das E-Commerce wächst mit rasanter Geschwindigkeit und eröffnet immer mehr Möglichkeiten für Unternehmen und Kunden. Die Einzelhändler vor Ort müssen sich an diese Entwicklungen anpassen, sonst wird ihre Existenz auf dem Markt durch die Entwicklung des E-Commerce bedroht.

Die Logistik spielt im E-Commerce eine bedeutende Rolle. Ohne sie kann das Unternehmen im Internet gar nicht existieren, denn die Ware muss zum Kunden sicher, schnell und im besten Zustand transportiert werden. Sie kann auch ein strategisches Instrument für die Führung des Unternehmens sein, um optimale Erfüllung von Kundenzufriedenheit, wichtige Wertschöpfungspartnerschaften sowie Innovationen und Wettbewerbsfähigkeit zu realisieren.[2]

Ziel dabei ist, die Logistikleistung zu optimieren, die Kosten für den Transport und Lagerung so gut wie möglich zu minimieren und eine hohe Verfügbarkeit zu gewährleisten.

Eine der größten Herausforderungen der Vertriebslogistik ist die in den letzten Jahren verkürzte Lieferzeit der Bestellungen. Die Anforderungen der Kunden an eine schnelle Bestellabwicklung sind enorm gestiegen. Viele Unternehmen schaffen dies nur durch den Einsatz von computergestützter Technik und fortgeschrittener Logistikprozesse. Diese sind aber in manchen Fällen viel zu teuer für einige Betriebe. Die Einhaltung der Lieferzeiten, die richtige Auswahl der Verpackung, um die Ware gegen Belastungen von außen zu schützen, und das richtige Transportmittel, sind Qualitätskriterien, die von der Vertriebslogistik gefordert werden.

---

[1] Vgl. Gwiozda, P., (2012), S. 1.
[2] Vgl. Straube, F., (2004), S. 2.

## 2  Logistik im E-Commerce

Durch die Logistik wird sichergestellt, dass die richtigen Waren und Dienste zur richtigen Zeit am richtigen Ort verfügbar sind. Die Logistik ist mit der globalen Vernetzung verbunden, welche durch die rasanten Fortschritte in der Informationstechnologie ermöglicht wird.[3]

### 2.1  Ziele der Logistik

Die Zentralaufgabe der Logistik ist die Sicherstellung von Transport, Lagerung, Bereitstellung, Beschaffung und Verteilung von Gütern, Personen, Geld, Informationen und Energie. Auch die Optimierungen der Prozesse, sind ein Bestandteil der Logistik.[4]Die Logistik soll auch die Kosten minimieren und die Flexibilität der logistischen Systeme verbessern.

### 2.2  IT in der modernen Logistik

In der ersten Hälfte der 90er Jahre hat die Einführung integrierter Transaktionssysteme (sogenannte ERP-Systeme) zu einer Veränderung der Wettbewerbssituation geführt. Diese ermöglichen einen belegorientierten Durchlauf der Geschäftsprozesse wie Auftragsbearbeitung, Buchhaltung, Einkauf und Produktionswirtschaft innerhalb eines Unternehmens.[5]

Der relevante Teil der Transaktionssysteme für die Logistik ist den Anforderungen, global agierender Netzwerkkomponente abzubilden und zu planen, nicht gewachsen. Somit werden Auswirkungen einer Störsituation, einer beteiligten Wertschöpfungsstufe in der Planung nicht vorhersehbar. Eine ganzheitliche Optimierung der Supply Chain kann mit den klassischen ERP-Funktionalitäten nicht erreicht werden. Durch mehrere technologischen Fortschritte, wie die objektorientierte Softwaretechnologie, verbesserte Optimierungsalgorithmen, Preisverfall und Leistungssteigerung bei Hardwarekomponenten, wurde die Entwicklung von Advanced Planning and Scheduling Systemen (APS) ermöglicht. Diese Planungstools unterstützen einen optimalen Planungsprozess und beheben die Defizite von ERP-Systemen und deren Planungsmethoden.[6]

---

[3] Vgl. Pfohl, H., (2001), S. 3.
[4] Vgl. https://www.bvl.de/service/zahlen-daten-fakten/logistikbereiche/logistik, Zugriff am 10.04.2019.
[5] Vgl. Lawrenz, O., (2000), S. 67.
[6] Vgl. Lawrenz, O., (2000), S. 67-68.

APS Systeme verwenden ein Modell der Supply Chain und können komplexe logistische Strukturen in einer Supply Chain abbilden. Somit ist eine Synchronisation der ganzheitlichen Planungsprozesse über die gesamte Kette des Supply Chain möglich.[7]

Es zeigt sich, dass die IT in Unternehmen bei der Anpassung an die neuen Marktanforderungen und der Gewinnung von Wettbewerbsvorteilen eine große Rolle spielen kann.

## 3    Logistik 4.0

Ein großer Trend unserer Zeit ist ohne Zweifel die Digitalisierung. Genau wie die Globalisierung führt sie zu nachhaltigen Veränderungen, die eine Vielzahl von Lebensbereichen durchdringen. In einem wettbewerbsgetriebenen Wirtschaftssystem sind Unternehmen einem riesigen Druck ausgesetzt. Sie müssen die Chancen, die sich durch die Digitalisierung ergeben, erkennen und umsetzen, damit sie am Markt bestehen und erfolgreich in die Zukunft steuern.[8]

Die Faktoren, die zur umfassenden Digitalisierung führten, sind die Leistungssteigerung, Miniaturisierung und kostengünstige Produktion in der Mikroelektronik mit ihren Anwendungen in Sensorik, Datenübertragungstechnik und Displays. Außerdem haben sich die Möglichkeiten der Speicherung, Übertragung und Bearbeitung von großen Datenmengen enorm erweitert.[9]

Die Einführung des Internets und seine weltweit gültigen Standards haben die Digitalisierung ebenso vorangetrieben.

Logistik 4.0 impliziert die Vernetzung und Integration logistischer Prozesse innerhalb und außerhalb von Handelsunternehmen und Produktionsanlagen bis zur dezentralen Echtzeitsteuerung logistischer Netzwerke. Bestandteile der Logistik 4.0 sind Assistenzsysteme, wie Geräte mit autonomer Intelligenz und Entscheidungsfähigkeit, wie Kameras, Detektoren und selbstfahrende Autos.[10]

---

[7] Vgl. Lawrenz, O., (2000), S. 68.
[8] Vgl. Bousonville, T., (2017), S. 1.
[9] Vgl. Bousonville, T., (2017), S. 4.
[10] Vgl. https://www.mm-logistik.vogel.de/was-ist-logistik-40-alles-zum-thema-digitalisierung-logistik-a-692722/, Zugriff am 15.04.2019.

Ohne Logistik 4.0 gibt es keine Industrie 4.0. Nur durch eine erfolgreiche Umsetzung der Logistik der nächsten Generation, können die erforderlichen Grundlagen geschaffen werden, um mit dem Unternehmen die zukünftigen Herausforderungen der Industrie 4.0 zu meistern.[11]

### 3.1 Technologien in der Logistik 4.0

Täglich kommen neue Technologien auf den Markt. Angesichts dieser Technologien stehen Unternehmen vor der großen Herausforderung, konkrete Lösungen und Anwendungsfälle für die eigenen Erfordernisse zu entwickeln.[12]

Ein wichtiger Bestandteil der künftigen Logistik-Welt sind die Cyber-Physical-Systems (CPS), die sowohl eingebettete Systeme wie Geräte, Gebäude und Verkehrsmittel, als auch Logistik-, Koordinations- und Managementprozesse, sowie Internet-Dienste beinhalten.

Diese Systeme haben folgende Aufgaben:

- Mit Hilfe der Sensoren werden physikalische Daten erfasst.
- Die gesammelten Daten werden ausgewertet und gespeichert und auf dieser Basis aktiv oder reaktiv mit der digitalen und der physischen Welt interagiert.
- Bei Bedarf kann auf weltweit zur Verfügung stehende Daten und Dienste zugegriffen werden.[13]

Damit diese Aufgaben erfüllt werden können, sind die CPS über digitale Netze untereinander verbunden und verfügen außerdem über diverse multimodale Mensch-Maschine-Schnittstellen, die Möglichkeiten zur Kommunikation und Steuerung bereitstellen.[14]

---

[11] Vgl. https://www.mm-logistik.vogel.de/was-ist-logistik-40-alles-zum-thema-digitalisierung-logistik-a-692722/, Zugriff am 15.04.2019.
[12] Vgl. https://www.mm-logistik.vogel.de/was-ist-logistik-40-alles-zum-thema-digitalisierung-logistik-a-692722/, Zugriff am 16.04.2019.
[13] Vgl. https://www.mm-logistik.vogel.de/was-ist-logistik-40-alles-zum-thema-digitalisierung-logistik-a-692722/, Zugriff am 16.04.2019.
[14] Vgl. https://www.mm-logistik.vogel.de/was-ist-logistik-40-alles-zum-thema-digitalisierung-logistik-a-692722/, Zugriff am 16.04.2019.

## 3.2 Vorteile der Logistik 4.0

Die Digitalisierung und Automatisierung schafft für die Firmen deutliche Wettbewerbsvorteile.

- Kosten können gesenkt werden.
- Die Erfassung sowie die Verarbeitung der Daten gehört zu den wichtigsten Funktionsbereichen innerhalb der vernetzten Systeme. In Zeiten der Digitalisierung spielt die Datenqualität eine wichtige Rolle, damit Unternehmen vertrauenswürdig gegenüber anderen Unternehmen auftreten.
- Dank der globalen Vernetzung sind Unternehmen nicht mehr auf Ressourcen im Inland angewiesen. Durch Global Sourcing können mittelständische und kleinere Betriebe Zugang zu Rohstoffen und Zulieferteilen in der ganzen Welt haben.[15]
- Da die Unternehmen weltweit aktiv und bekannt sind, haben sie dadurch leichten Zugang zu neuen Absatzmärkten.

## 4 Vertriebslogistik

Vertriebslogistik beinhaltet die Gestaltung, die Umsetzung, die Steuerung und die Kontrolle aller Vertriebsprozesse, die erforderlich sind, damit ein Unternehmen seine Güter an die Kunden überführen kann. Absatzpolitik, physischer Vertrieb, Warenverteilung oder Distributionslogistik sind verwandte Begriffe der Vertriebslogistik.[16]

Als Teilbereich der Logistik beschäftigt sich die Vertriebspolitik mit der Auftragsabwicklung, der Lagerpolitik und der Transportpolitik.

- Auftragsabwicklung: der komplette Prozess vom Auftragseingang bis zur Übergabe der fertig erstellten Leistungen an den Auftraggeber soll optimiert werden.
- Lagerpolitik: hat die Aufgabe, hinsichtlich der Finanzkraft und Größe des Unternehmens, den bestmöglichen Einsatz eines fremden oder eigenen Lagers zu finden.

---

[15] Vgl. https://www.mm-logistik.vogel.de/was-ist-logistik-40-alles-zum-thema-digitalisierung-logistik-a-692722/, Zugriff am 16.04.2019.
[16] Vgl. https://www.vertrieb-strategie.de/vertrieb-dienstleistungen/vertrieb-logistik/, Zugriff am 09.04.2019.

- Transportpolitik: hat die Aufgabe die Wahl der Transportmittel (Bahn, LKW, Flugzeug oder Logistikunternehmen) festzulegen.[17]

## 4.1 Vertriebslogistik im E-Shop

Die Vertriebslogistik ist ein eFulfillment-Prozess eines E-Shops und umfasst alle Prozesse des Versands und der eventuellen Reklamation bzw. daraus resultierenden Rücksendung. Der Versand erfolgt meistens von externen Lieferdiensten. Je nach Unternehmen und angebotenen Produkten können auch eigene Speditionen genutzt werden.[18]

Die Ware wird im Rahmen der Vertriebslogistik vom Dienstleister entgegengenommen und zum Kunden zugestellt. Von Dienstleister zu Dienstleister gibt es weitere, unterschiedliche Komponenten wie das „Track & Trace", d.h die Sendungsverfolgung. Diese Komponenten können mit dem E-Commerce-System interagieren, so dass der Kunde beispielsweise eine Benachrichtigung per E-Mail erhält, sobald die Ware einen bestimmten Status zugewiesen bekommt.[19]

## 4.2 eDistribution-Prozess

ist ein Teilbereich der E-Logistik und befasst sich mit der elektronischen Abwicklung aller Geschäftsprozesse, die ab dem Zeitpunkt der Online-Bestellung eingesetzt werden. Darunter ist die strategische Planung und Entwicklung zu verstehen, die die Geschäftsabwicklung für die benötigte Logistiksysteme und -prozesse betrifft. Durch die digitale Erfassung der Bestelldaten, führt die E-Distribution zu einer besseren Kontrolle und Beschleunigung der Vertriebsprozesse.[20]

E-Distribution steht für schnelle, effiziente, stabile und flexible End-to-End-Realisierung aller logistischen Prozesse, welche nach der Online-Bestellung Einsatz finden und bei der Auslieferung von Waren enden. Entsprechende individuelle Bedürfnisse des Privat- und des Firmenkunden, müssen auch berücksichtigt werden.[21]

Für Unternehmen ist eine gut optimierte E-Distribution im Onlinehandel sehr wichtig. Der Hauptvorteil ist die Geschwindigkeit, welche bei einer Online-Bestellung entsteht und sie soll durch Optimierungen interner Prozesse erfolgen. Um dies zu ermöglichen

---

[17] Vgl. https://www.karteikarte.com/card/1601081/definition-vertriebslogistik-distributionslogistik, Zugriff am 20.04.2019.
[18] Vgl. K.Rupp, C., (2009), S. 50.
[19] Vgl. Opuchlik, A., (2005), S. 135.
[20] Vgl. Kemkes, S., (2015), S. 24.
[21] Vgl. Kemkes, S., (2015), S. 24-25.

werden Informationssysteme benötigt, die die entsprechenden E-Supply Chain-Partner mit Hilfe von E-Logistik optimal koordinieren- und steuern können.[22]

**Abbildung 1: logistische Prozesse der E-Distribution**

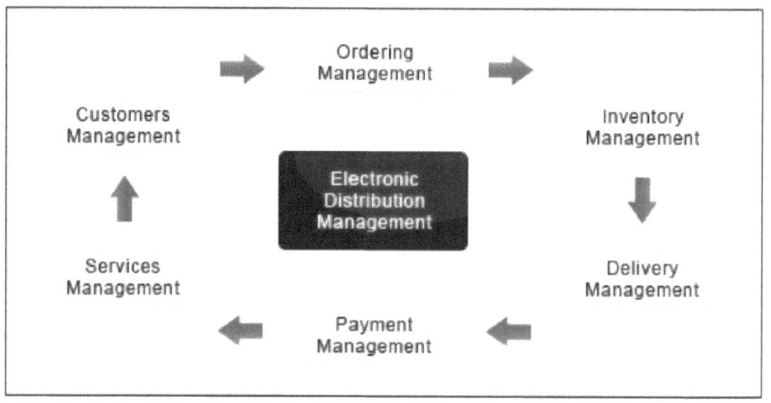

Quelle: Kemkes, S., (2015), S. 25.

## 4.3 E-Logistiksysteme

Die Anzahl der logistischen Leistungsphasen im Unternehmen bilden ein Logistiksystem. Innerhalb eines Logistiksystems gibt es Subsysteme, die Teilsysteme eines Logistiksystems sind. [23]

Verschiedene Stationen sind innerhalb des Systems bekannt, die im Laufe der Bearbeitung einer Kundenbestellung im Unternehmen betroffen sind und erfolgreich abgeschlossen werden müssen. Gestaltungspunkte von E-Logistiksysteme sind die realisierende Qualität und die Zielkosten der Logistikleistung. Diese Gestaltungspunkte verdeutlichen noch nicht den Unterschied von E-Logistik und konventionellen Logistiksystemen. Der Unterschied wird dann deutlich, wenn die Hauptaufgaben an die E-Logistiksysteme übertragen werden. Eine Hauptaufgabe ist der Versand an eine Vielzahl verstreuter Kunden und eine dazukommende Nachfrage mit großen saisonal bedingten Schwankungen.[24]

---

[22] Vgl. Kemkes, S., (2015), S. 25.
[23] Vgl. Kemkes, S., (2015), S. 27.
[24] Vgl. Kemkes, S., (2015), S. 27.

Das ‚Pull Prinzip' ist besonders charakteristisch für E-Logistiksysteme. Bei diesem Prinzip wird der Kunde früh in die Logistikkette integriert und erteilt bereits durch seine Online-Bestellung die Initiative der Auftragsabwicklung. Ein Logistiksystem beinhaltet insgesamt mit den Logistikketten und -systemen der Handelspartner ein gemeinsames Logistiknetzwerk. Typische Partner in einem E-Logistiknetzwerk sind die Hersteller, Zulieferer, Händler, Endkunden und auch Unternehmen.[25]

Durch die Verzahnung der vielen verschiedenen Partner eines Logistiknetzwerks, entstehen Schnittstellen, die in einzelnen Logistiksystemen zu finden sind. Diese Schnittstellen müssen von jeglichem Informationsfluss innerhalb eines E-Logistiknetzwerks überwunden und durchlaufen werden. Deshalb ist es von großer Bedeutung, einen schnell und qualitativ hochwertigen Informationsfluss zwischen den verschiedenen Partner sicherzustellen.[26]

### 4.4 Anforderungen an E-Logistiksysteme

Der Wandel, der in dem E-Commerce Bereich zu spüren ist, bedeutet nichts anderes, als dass die Logistiksysteme an verschiedene Anforderungen angepasst werden müssen.

Folgende Anforderungen in der E-Logistik sind laut Axel Kuhn, Leiter des Fraunhofer Instituts, Materialfluss und Logistik überwiegend: [27]

- Globalisierung statt Regionalisierung:

  Durch die Entwicklung der Technologien, im Bereich der Internetkommunikation und durch Globalisierung der Märkte, sind innovative Organisationsformen unverzichtbar. Diese müssen auf die Wandlungen des Marktes abgestimmt und stark prozessorientiert sein.[28]

- Kundenorientierung:

  Der Kunde hat individuelle Wünsche, die vom System berücksichtigt werden müssen und zwar in kurzen Reaktionszeiten. Individualisierte Produkte und eine serviceorientierte Kundenbetreuung müssen zu führen sein, um sich an den Erwartungen der Kunden zu orientieren.[29]

---

[25] Vgl. Kemkes, S., (2015), S. 27.
[26] Vgl. Kemkes, S., (2015), S. 27.
[27] Vgl. Kemkes, S., (2015), S. 28.
[28] Vgl. Kemkes, S., (2015), S. 28.
[29] Vgl. Kemkes, S., (2015), S. 28.

- Kooperationen:

    Dank der Partnerschaften in der Wertschöpfungskette können sich die Unternehmen auf das Kerngeschäft konzentrieren. Die Ablauforganisationen verlangen Modelle und Prozessketten, um die Aufgabenverteilungen der Partner individuell abzustimmen.[30]

- Informations- und Kommunikationstechnologie:

    Damit die Kommunikation zwischen den Wertschöpfungspartnern einwandfrei funktioniert, sind intelligente Logistiksysteme für Schnittstellen die Voraussetzung.[31]

Damit die E-Logistiksysteme in ein E-Logistiknetzwerk integriert werden, sind folgende Teilbereiche zu beachten und in ihre Strategie einzubinden:

- Prozesslogistik:

    Ein Dienstleister muss in allen Bereichen der Planung, Automatisierung und bei der Implementierung der Schnittstellen über umfassende Fähigkeiten zur stetigen Optimierung verfügen. Diese Bereiche müssen mit dem Supply Chain Management des Unternehmens kompatibel sein.

- Veränderungsmanagement:

    Die Logistiksysteme müssen einfach abänderbar und auf neue Unternehmenswerkzeuge angepasst werden können.

- Bedarfsmanagement:

    Ein System muss, aufgrund von Prognoseverfahren, detaillierte Vorhersagen über den bevorstehenden Bedarf ermitteln können.

- Verbundentwicklung:

    Um den Betrieb zu automatisieren und so ein wirtschaftliches Optimum zu erreichen, ist es notwendig, dass ein Logistiksystem über ein Monitoring-Verfahren der logistischen Lösungen und Prozessmodelle verfügt.

- Informations- und Kommunikationstechnologie:

---

[30] Vgl. Kemkes, S., (2015), S. 28.
[31] Vgl. Kemkes, S., (2015), S. 28.

Die Kooperationen zwischen den einzelnen Logistiksystemen setzen automatisierte Schnittstellen voraus. Um diese Schnittstellen in die Geschäftsabwicklung zu integrieren werden vermehrt Informationssysteme eingesetzt.[32]

## 4.5 Logistische Prozesse im B2C

Der elektronische Handel im B2C-Bereich hat nicht nur die Art und Weise, wie Produkte und Dienstleistungen verkauft werden, revolutioniert, sondern auch die Anforderungen an die Logistik massiv verändert. Während der Kunde beim Kauf von Waren in einer Filiale die Ware selbst kommissioniert, sie dann zur Kasse bringt und den Transport der Ware selbst organisiert, wird die Verantwortung für diese Prozesse im Onlinehandel komplett auf das E-Commerce des Unternehmens bzw. einen externen Dienstleister übertragen.[33]

Weitere Besonderheiten der Logistik im B2C-Bereich liegen in den veränderten Sendungsstrukturen, die mit dem Übergang zum Bringsystem an den Endkunden verbunden sind. Die Handelslogistik wird dadurch ausgezeichnet, dass große Liefermengen regelmäßig und zu festgelegten Terminen bei einer begrenzten Zahl von Zwischenhändlern bereitgestellt werden. Im B2C-Bereich sehen diese logistischen Strukturen anders aus, da der Onlinehandel eine Vielzahl von Kleinsendungen hervorbringt, die entsprechend gelagert, kommissioniert, verpackt und dem Endkunden bis zur Haustür geliefert werden müssen.[34]

Die Retourenquote ist zum Teil in Onlinehandel und abhängig von der Produktgruppe sehr hoch. Die Retouren erhöhen zusätzlich die Anforderungen an die Logistik.[35]

---

[32] Vgl. Kemkes, S., (2015), S. 29.
[33] Vgl. Stallmann, F., (2014), S. 19.
[34] Vgl. Stallmann, F., (2014), S. 19-20.
[35] Vgl. Stallmann, F., (2014), S. 19-20.

## 4.6 Supply Chain Management

Supply Chain Management ist ein Managementkonzept in der Logistik und beschreibt den Aufbau und die Verwaltung integrierter Logistikketten über den gesamten Wertschöpfungsprozess hinweg von der Rohstoffgewinnung über die Veredelung bis zum Endverbraucher. Die Ziele dieser Lieferketten bei Unternehmen sind, die Kosten zu reduzieren, eine höhere Produktivität bei den einzelnen Teilnehmern und eine bessere Kundenzufriedenheit zu erreichen.[36]

Wichtigste Prozesse des Supply Chain Managements sind:

Planung

- Ressourcen mit Anforderungen abgleichen
- Lieferkettenplan mit dem Geschäftsfinanzplan in Einklang bringen

Beschaffung

- Lieferanten ermitteln
- Auslieferungen planen
- Lagerbestände verwalten

Herstellung

- Produktionsplan aufstellen
- Bewertung der Qualität und Leistung

Auslieferung

- Transportunternehmen auswählen
- Lieferungen versenden
- Warenlager verwalten
- Rechnungen an die Kunden schicken

Rücklieferung

- Rücksendungen autorisieren, einplanen und entgegennehmen

---

[36] Vgl. https://www.e-commerce-magazin.de/themen/supply-chain-management-scm, Zugriff am 14.04.2019

- Gutschriften für Rücksendungen ausstellen[37]

## 5 Praxis mit Vertriebslogistik in Magento

Der E-Commerce ist aus unserem modernen Wirtschaftsleben nicht mehr wegzudenken. Die Nachfrage nach E-Shop-Systemen wächst stetig.[38]Stets muss die Frage gestellt werden, welches System am effektivsten ist, damit der Erfolg auf lange Sicht betrachtet anhält. Das Magento-System bietet dem Betreiber die Möglichkeit, sein eigenes E-Shop zu entwickeln und zu verwalten.

### 5.1 Magento E-Shop

Magento wurde in Los Angeles im Jahre 2001 entwickelt. Zu diesem Zeitpunkt wurde sie lediglich als klassische Online-Agentur gegründet. Binnen 4 Jahren schaffte das Unternehmen zum führenden Beratungsunternehmen in Sachen E-Commerce in den USA zu werden. Sechs Jahre hat es gedauert, bis die Mitarbeiter die Vor- und Nachteile des Systems erkannt und mit den Arbeiten an Magento begonnen haben. Bereits im August 2007 wurde schon die erste Beta-Version veröffentlicht.[39]

Der Open-Source-Gedanke ist eine der großen Stärke von Magento, denn so wird das System weiterentwickelt. Einer der größten Vorteile hierbei ist, dass das Magento ein Unternehmen im Ganzen ist. Diese Beständigkeit gibt den Nutzern die Sicherheit, dass das System noch eine ganze Weile existieren wird.[40]

Magento ermöglicht dem Online-Händler, mehrere Onlineshops auf verschiedenen Domains mit den jeweiligen Kundenstammdaten und Kataloginhalten zu verwalten. Magento basiert auf PHP 5.2.x und verwendet als Datenbanksystem MySQL. Magento gibt es sowohl in kostenpflichtigen als auch in kostenlosen Versionen. Der Funktionsumfang des E-Commerce Systems beinhaltet alles, was ein Onlineshop-Betreiber benötigt wie zum Beispiel die Einbindung der Produktfotos und Produktbeschreibungstexte. Magento verfügt über ein Produktfilter, Produktvergleiche, Produktbewertungen und sowie über

---

[37] Vgl. https://www.hni.uni-paderborn.de/fileadmin/Fachgruppen/Wirtschaftsinformatik/Lehre/Modulu-ebersicht/W2332_02_Konzepte_und_Methoden_des_SCM/SoSe14/W2332-02_1_SCM_Grundla-gen_SS2014.pdf, Zugriff am 14.04.2019.
[38] Vgl. Koch, D., (2012), S. 2.
[39] Vgl. Koch, D., (2012), S. 3.
[40] Vgl. Koch, D., (2012), S. 4.

einen Checkoutprozess für registrierte Kunden. Weiterhin lassen sich ins System unterschiedliche Versand- und Bezahlarten einbinden.[41]

## 5.2   Versandsystem vom Magento

Die Wahl der Versandarten ist genauso so relevant, wie alle andere Komponente eines E-Shops. Zwar kann ein Anbieter durch gute Angebote seines E-Shops Kunden von sich überzeugen, aber durch intransparente oder gar zu hohe Versandkosten kann er all dies wieder zu Nichte machen. An dieser Stelle hat Magento vorgesorgt und die Software sehr flexibel ausgestattet. Dem Shopbetreiber stehen eine Reihe von Versand- und Zahlarten zur Verfügung, die sich konfigurieren und schnell nutzen lassen. Aber es gibt auch die Möglichkeit, die fehlenden Funktionalitäten durch Zusatzmodule von Drittanbietern nachzurüsten.[42]

Magento 2.0 erlaubt neben den ausführlichen Grundeinstellungen für den Versand, Einstellungen unterschiedlicher Versandmethoden, Integration der Services von Versandunternehmen als auch die Konfiguration und das Erstellen von Versandetiketten direkt in der Verwaltungsoberfläche des Shops.[43]

### 5.2.1   Versandeinstellungen

In dem Bereich Versandkosteneinstellungen (*Stores > Settings > Configuration > Sales > Shipping Settings/Multishipping Settings*) ist es möglich für den Versand den Ursprungsort, die Versandbedingungen und den Umgang mit dem Versand an mehreren Adressen einzustellen.[44]

Der Ursprungsort in einem Onlineshop beschreibt den Ort, an dem das Geschäft oder das Lager sich befindet, von dem aus die Sendungen versendet werden. Der Ursprungsort ist auch für die Bestimmung der Steuerklasse der angebotenen Produkte von Bedeutung. Um den Ursprungsort festzulegen, sind folgende Schritte erforderlich:[45]

- Unter *Stores > Settings > Configuration* muss im Menü auf der linken Seite der Abschnitt *Sales* aufgeklappt, darin der Punkt *Shipping Settings* gewählt und dann der Bereich *Origin* angeklickt werden.

---

[41] Vgl. https://www.universum-group.de/glossar/magento/, Zugriff am 22.04.2019.
[42] Vgl. Neitzel, R., Zenner, R., (2014), S. 351.
[43] Vgl. Stech, C., (2017), S. 367.
[44] Vgl. Stech, C., (2017), S. 367.
[45] Vgl. Stech, C., (2017), S. 368.

- Nun ist der genaue Ursprungsort für den Versand zu bestimmen. Unter *Country* wird zunächst das Land und daraufhin das Bundesland aus der Liste *Region/State* ausgewählt.

- Unter *ZIP/Postal Code* wird die Postleitzahl, in dem Feld *City* die Stadt und in *Street Adress* die Anschrift eingetragen.

- Unter *Save Config.* oben rechts in der Maske werden die Einstellungen gespeichert.[46]

### 5.2.2 Versandmethoden

Magento bietet eine Vielzahl von Versandmethoden an und ermöglicht dem Shop sich mit den Systemen etlicher Transportunternehmen zu verknüpfen.

- Kostenloser Versand:

  Der kostenlose Versand ist eine effektive Möglichkeit zahlreiche Kunden an sich zu binden. Der Betreiber kann selbst entscheiden, ob diese Versandart für alle Bestellungen oder ab einem Mindestbestellwert gelten soll. Wichtiger Hinweis: Je nach Transportdienstleister können für kostenlosen Versand noch zusätzliche Einstellungen erforderlich sein.[47]

- Tabellenbasierte Versandkosten:

  Durch die tabellenbasierten Versandkosten kann man die Transportkosten berechnen, dies geschieht auf der Basis einer Kombination von Bedingungen. Als Berechnungsgrundlage stehen die Möglichkeiten wie Gewicht/Ziel, Zwischensumme/Ziel und Artikelanzahl/Ziel zur Verfügung. Die Daten für diese Versandkostenberechnung müssen in einem Kalkulationsprogramm vorbereitet und in den Shop importiert werden. Wenn ein Kunde eine Preisanfrage stellt, wird ihm das Ergebnis im Abschnitt *Geschätzte Versandkosten (Shipping Estimate)* des Warenkorbs angezeigt.[48]

### 5.2.3 Volumengewicht

Das Volumengewicht ist eine verbreitete Methode für die Berechnung der Frachtkosten. Durch die Bestimmung des Volumengewichts kann man ermitteln, wie viel Raum eine Sendung einnehmen wird. In der Regel wird auf diese Methode zurückgegriffen, wenn

---

[46] Vgl. Stech, C., (2017), S. 368.
[47] Vgl. Stech, C., (2017), S. 371.
[48] Vgl. Stech, C., (2017), S. 378.

ein Paket im Verhältnis zu seinem Volumen relativ leicht ist. Das Volumengewicht wird je nach Transportunternehmen unterschiedlich berechnet. Mit dem Volumengewicht können im Laufe eines Geschäftsjahres größere Summen eingespart werden.[49]

### 5.2.4 Logistikpartner

Durch die Anlegung eines speziellen Kundenkontos bei einem unterstützten Transportunternehmen kann ein Shopbetreiber seinen Kunden die Auswahl dieses expliziten Beförderers gewährleisten. Die Preise für den Versand werden automatisch heruntergeladen.[50]

Der Kunde muss zuerst die Versandeinstellungen vornehmen, bevor ihm eine Auswahl zwischen mehreren Transportunternehmen angeboten werden kann. Als nächstes muss die Konfiguration für alle gewünschten Transportunternehmen vorgenommen werden. Im nächsten Schritt eröffnet man jeweils ein Versandkonto für ein entsprechendes Transportunternehmen, dessen Nummer oder Nutzerkennung im Magento eingetragen werden muss. Zusätzlich wird eine Gateway-URL für die Verbindung zum System des jeweiligen Anbieters benötigt. Um weitere Versandservices anbieten zu können, müssen diese - sofern verfügbar - über entsprechende Extentions von *Magento Marketplace* nachinstalliert werden.[51]

### 5.2.5 Einbindung des Logistikpartners DHL in Magento-Shop

Die Integration der DHL Services im Magento-Shop ist nicht kompliziert. Mit den Magento Plugins von DHL wird für den Kunden eine bessere und flexiblere Nutzung für Lieferoptionen bereits im Checkout möglich. Mit dem DHL-Versenden-Wunschpaket-Plugin wird der Versandlabel direkt im Backend erstellt. Dem Kunden wird im Frontend die Optionen (Tag, Zeit, Ort) zur Verfügung gestellt. Die Optionen und Konditionen zum Preis werden im Backend realisiert.[52]

- 1 Schritt DOWNLOAD

    Bei Magento Marketplace müssen die Plugins: *DHL Versenden inkl. Wunschpaket* und *DHL Location Finder/Wunschpaket* heruntergeladen werden. Diese müssen im Shopsystem installiert werden.

---

[49] Vgl. Stech, C., (2017), S. 385-386.
[50] Vgl. Stech, C., (2017) S. 386.
[51] Vgl. Stech, C., (2017) S. 386.
[52] Vgl. https://www.dhl.de/de/geschaeftskunden/paket/kampagne/ecommerce/partner/magento.html#Download, Zugriff am 26.04.2019, 0:00-4:57 Minuten.

- 2 Schritt KONFIGURATION

Es kann mit dem Plugin *DHL Versenden inklusive Wunschpaket* begonnen werden. Das Log-in im Magento-Shop ist erforderlich, in der Navigationsleiste wird auf *System* und anschließend auf *Konfiguration* geklickt. Im Bereich *Versandarten,* ein Unterpunkt bei Verkäufen wird *DHL-Versenden* angezeigt. Hier stehen verschiedene Einstellungen zur Auswahl und man kann als Shopbetreiber die Stammdaten der Kunden direkt verwalten. Die Zugangsdaten und die Kundennummer aus dem Geschäftskundenvertrag mit DHL werden aufgefordert. Unter Teilnahme werden die genutzten Produkte und die letzten beiden Zeichen der Abrechnungsnummer ergänzt. Hier können auch Einstellungen für Gewichtseinheit, Versand- und Zahlungsart vorgenommen werden.

Unter dem Punkt *DHL Zusatzleistungen im Checkout* können alle Einstellungen zum *Wunschpaket Services* vorgenommen werden. Über Dropdown Menüs kann man entscheiden, ob die Kunden alle oder nur ausgewählte Services im Frontend nutzen können. Zusätzlich für kostenpflichtige Services wie *Wunschzeit, Wunschtag* kann man einen Aufpreis hinterlegen, der dem Kunden zusätzlich in Rechnung gestellt wird. Natürlich ist es möglich auch den Service kostenfrei anzubieten, dafür wird in dem entsprechenden Feld *0* eingegeben.

In dem darunter liegenden Feld kann man den Text eingeben, der im Frontend angezeigt werden soll. *Dollar 1* ist ein Platzhalter für die Variable Aufpreis. Das bedeutet, hier wird im Frontend beispielsweise der Preis 1,20 € angezeigt. Die Variable verhindert, dass Preisangabe und Text zur Preisanzeige voneinander abweichen.[53]

Daneben ist es möglich für das Angebot *Wunschtag,* den spätesten Bestellzeitpunkt anzugeben, zu dem eine Sendung noch am selben Tag an DHL übergeben werden kann. Nach dieser Uhrzeit richtet sich die Anzeige der Wunschtage im Frontend. Ist dieser Zeitpunkt überschritten, wird der frühestmögliche Wunschtag um einen Tag verschoben. Darüber hinaus ermöglicht das Plugin die automatische Erstellung von Versandmarken sowie die Nutzung weiterer DHL-Services wie beispielsweise eine Alterssichtprüfung.

---

[53] Vgl. https://www.dhl.de/de/geschaeftskunden/paket/kampagne/ecommerce/partner/magento.html#Download, Zugriff am 29.04.2019, 0:00-4:57 Minuten.

Bei *Kontaktinformationen* wird die Absenderadresse für das Versandlabel, bei *Bankverbindung* die Bankdaten für die Zahlung per Nachnahme angegeben. Wenn alle Einstellungen getätigt wurden, dann wird auf *Konfiguration speichern* geklickt.[54]

Um dem Kunden auch zusätzliche Services im Bereich *Wunschpaket* anzubieten, soll das Plugin *DHL LOCATION FINDER / WUNSCHPAKET* konfiguriert werden. Dazu wird im Navigation-Menü auf *System > Konfiguration* geklickt, unter *Verkäufe* wird der Bereich *zur Kasse* gewählt. Um die Standorte auf eine Google-Maps-Karte anzuzeigen, wird unter *DHL Parcelshop-Finder* ein Google-Maps-API Key benötigt. Diesen kann man unter dem Link *Get a Key* selbst erstellen. Unter *Suchergebnisse beschränken* kann bestimmt werden, wie viele Standorte dem Kunden auf der Karte angezeigt werden sollen und unter *Zoom* kann der Vergrößerungsfaktor auf der Karte angegeben werden.[55] Damit ist die Konfiguration der DHL-Plugins fertig.

## 5.2.6 Versandetiketten

Mit Magento 2.0 können Versandetiketten mancher Transportunternehmen direkt vom Backend aus erzeugt und ausgedruckt werden. Das gilt für normalen Versand sowie für den Versand mit beiliegendem Retoure-Versandetikett. Zusätzlich zu den bereitgestellten Informationen erzeugt das Versandetikett in Magento auch die Magento-Bestellnummer, die Nummer des Pakets und bei mehrteiligen Sendungen die Gesamtanzahl der Pakete. Für Shopbetreiber, die außerhalb der USA versenden, bestehen folgende Einschränkungen beim Drucken der Versandetiketten:[56]

- Das Drucken der Etiketten aus Magento von UPS ist derzeit nur für Shops in den USA verfügbar. Shops außerhalb der USA benötigen eine gesonderte Berechtigung.

- Das Drucken der Etiketten von FedEx ist außerhalb der USA auch für den internationalen Versand möglich.

---

[54] Vgl. https://www.dhl.de/de/geschaeftskunden/paket/kampagne/ecommerce/partner/magento.html#Download, Zugriff am 26.04.2019, 0:00-4:57 Minuten.
[55] Vgl. https://www.dhl.de/de/geschaeftskunden/paket/kampagne/ecommerce/partner/magento.html#Download, Zugriff am 29.04.2019, 0:00-4:57 Minuten.
[56] Vgl. Stech, C., (2017) S. 402.

- Das Drucken von DHL Versandetiketten aus Magento ist derzeit auch für Sendungen aus den USA möglich.[57]

## 6 Kritische Betrachtung

Die Einsatzmöglichkeiten und Aufgaben des Supply Chain Managements habe ich in dieser Ausarbeitung nur in groben Zügen behandelt.

Im Praxiskapitel mit Magento habe ich mich ausführlicher über die Einbindung des Logistikpartners DHL im Magento-System befasst. Hier hätte ich auf jedes Logistikunternehmen eingehen können, da jedes dieser Unternehmen über eigene Plugins verfügt und die Konfiguration individuell einstellen lässt. Dies hätte aber den Rahmen dieser Arbeit gesprengt.

Über den Einsatz von Drohnen habe ich nicht berichtet. Man könnte aber mit ihnen sehr viel in der Logistikbranche erreichen. Das Liefern mit den Drohnen eröffnen für die Logistikunternehmen riesige Einsparmöglichkeiten, die sich durch diese Technologie ergeben könnten.

Das Thema „Autonomes Fahren" wird sicherlich die Logistik revolutionieren. Viele reden von voll autonomem Fahren durch Roboterautos, auch die sogenannte Logistik 4.0 träumt davon, ihren Einsatz darunter zu finden. Roboter-LKW, die die Waren sicher auf die Autobahnen transportieren sollen.

Die virtuelle Realität in der Logistik verspricht auch viel. Die Mitarbeiter sollen die Möglichkeit haben, über alle Informationen und Daten zu verfügen, 3D Karten in Echtzeit sowie Objekte aus verschiedenen Perspektiven anzusehen. Mithilfe der virtuellen Realität kann zum Beispiel der gesamte LKW visualisiert werden und dadurch das Gewicht optimal verteilt werden.

---

[57] Vgl. Stech, C., (2017) S. 402-403.

# 7 Fazit

Der Wandel im Einkaufsverhalten der Menschen und die sich stets verändernden Anforderungen der Kunden an die Online-Shops haben die Logistik zu einem wichtigen Gebiet des E-Commerce gemacht. Denn die Ware soll immer schneller und kostengünstiger ans Ziel ankommen. Der wachsende Trend des Online-Shoppings fordert meisterliche logistische Leistungen von Unternehmen, was aber auch zu erheblichen Kosten in der Branche führt. Hilfe und Organisation kann an der Stelle die Logistik 4.0 liefern, denn durch die Vernetzung und Digitalisierung der Maschinen können unnötige Kosten eingespart werden. Viel mehr wird es in Richtung Logistik 4.0 gehen, da hier Erfolgspotenziale und Entwicklungsmöglichkeiten zu sehen sind. Eine Investition wird sich hier immer lohnen und am Ende werden sowohl die Unternehmen als auch die Endverbraucher davon profitieren.

# Literaturverzeichnis

Bousonville, T. (2016). *Logistik 4.0: Die digitale Transformation der Wertschöpfungskette*. Wiesbaden: Springer-Verlag, 2016.

Dangelmaier, W. (2014). *Konzepte und Methoden des Supply Chain Management*. Abgerufen am 14.04.2019 von https://www.hni.uni-paderborn.de/fileadmin/Fachgruppen/Wirtschaftsinformatik/Lehre/Moduluebersicht/W2332_02_Konzepte_und_Methoden_des_SCM/SoSe14/W2332-02_1_SCM_Grundlagen_SS2014.pdf

DHL International GmbH. (2019). *DHL in Ihrem Magento Shop*. Abgerufen am 29.04.2019 (Video) von https://www.dhl.de/de/geschaeftskunden/paket/kampagne/ecommerce/partner/magento.html#Download

e-commerce-magazin. (2019). *Supply Chain Management*. Abgerufen am 14.04.2019 von https://www.e-commerce-magazin.de/themen/supply-chain-management-scm

Gülcan, F. (2019). *Vertrieb-Logistik*. Abgerufen am 09.04.2019 von https://www.vertrieb-strategie.de/vertrieb-dienstleistungen/vertrieb-logistik/

Gwiozda, P. (2012). *E-Commerce: Kriterien für einen erfolgreichen Online-Shop*. Hamburg: Diplomica Verlag GmbH, 2012.

karteikarte. (2019). *Definition Vertriebslogistik*. Abgerufen am 20.04.2019 von https://www.karteikarte.com/card/1601081/definition-vertriebslogistik-distributionslogistik

Kemkes, S. (2015). *E-Commerce. Möglichkeiten und Grenzen von Multichannel Marketing und E-Logistiksystemen*. Hamburg: Diplomica Verlag, 2015.

Koch, D. (2012). *Magento - Schritt für Schritt zum eigenen Online-Shop*. München: Carl Hanser Verlag GmbH Co KG, 2012.

Lawrenz, O., Hildebrand, K., & Nenninger, M. (2013). *Supply Chain Management: Strategien, Konzepte und Erfahrungen auf dem Weg zu E-Business Networks*. Braunschweig/Wiesbaden: Springer-Verlag, 2013.

Logistik. (2019). *zahlen-daten-fakten*. Abgerufen am 10.04.2019 von
https://www.bvl.de/service/zahlen-daten-fakten/logistikbereiche/logistik

Neitzel, R., & Zenner, R. (2014). *Online-Shops mit Magento, 3. Aufl.* Köln: O'Reilly
Germany Verlag, 2014.

Opuchlik, A. (2005). *E-Commerce-Strategie: Entwicklung und Einführung.*
Norderstedt: BoD-Books on Demand, 2006.

Pflug, K. (2012). *Einfach mehr verkaufen in Business-to-Business und technischem
Vertrieb: Praxisorientierte Verkaufstechniken für den Verkauf von
Investitionsgütern, Produktvertrieb und Projektvertrieb.* Berlin: epubli Verlag,
2012.

Pfohl, H.-C. (2001). *Jahrhundert der Logistik: Wertsteigerung des Unternehmens:
customer related global e-based.* Darmstadt: Erich Schmidt Verlag, 2001.

Rupp, C. (2009). *E-Commerce für kleine und mittlere Handelsbetriebe: Dargestellt am
Beispiel der Firma Rieck.* Hamburg: diplom.de Verlag, 2009.

Scherf, J. (2019). *Alles zum Thema Digitalisierung und Logistik.* Abgerufen am
15.04.2019 von https://www.mm-logistik.vogel.de/was-ist-logistik-40-alles-
zum-thema-digitalisierung-logistik-a-692722/

Stallmann, F. (2014). *Logistik im B2C E-Commerce: Make-or-Buy Entscheidungen
zielgerichtet umsetzen.* Hamburg: disserta Verlag, 2014.

Stech, C. (2017). *Magento 2 Handbuch: Magento Community Edition 2.2.2, 4. Aufl.*
Norderstedt: BoD – Books on Demand, 2017.

Straube, F. (2004). *e-Logistik: ganzheitliches Logistikmanagement.* Berlin Heidelberg:
Springer-Verlag, 2004.

universum-group. (2019). *Magento.* Abgerufen am 22.04.2019 von
https://www.universum-group.de/glossar/magento/